La Bretagne

« L'histoire de l'Angleterre est celle d'une des réussites les plus remarquables de l'espèce humaine. Quelques tribus saxonnes et danoises, égarées sur une île en marge de l'Europe, mêlées à quelques survivants celto-romains, et organisées par des aventuriers normands, sont devenues en quelques siècles maîtresses de la planète. »

André Maurois
Histoire d'Angleterre

Éditions des Voyages

46, avenue de Breteuil – 75324 Paris Cedex 07
☎ 01 45 66 12 34
www.ViaMichelin.fr
LeGuideVert@fr.michelin.com

Manufacture française des pneumatiques Michelin

Société en commandite par actions au capital de 304 000 000 EUR
Place des Carmes-Déchaux – 63 Clermont-Ferrand (France)
R.C.S. Clermont-Fd B 855 200 507

Dépôt légal septembre 2000 – ISBN 2-06-000055-6 – ISSN 0293-9436
Printed in France 07-02/3.4

Compogravure : NORD COMPO, Villeneuve-d'Ascq
Impression-brochage : LE SANGLIER, Charleville-Mézières

Maquette de couverture extérieure : Agence Carré Noir à Paris 17ᵉ

LE GUIDE VERT, l'esprit de découverte

*Avec cette nouvelle collection
LE GUIDE VERT, nous avons
l'ambition de faire de vos vacances
des moments passionnants
et mémorables, d'accompagner votre
découverte de nouveaux horizons,
bref... de vous faire partager
notre passion du voyage.
Voyager avec LE GUIDE VERT,
c'est être acteur de ses vacances,
profiter pleinement de ce temps
privilégié pour découvrir, s'enrichir,
apprendre au contact direct du
patrimoine culturel et de la nature.
Le temps des vacances avec
LE GUIDE VERT, c'est aussi
la détente, se faire plaisir, apprécier
une bonne adresse pour se restaurer,
dormir, ou se divertir.
Explorez notre sélection !
Alors plongez vite dans LE GUIDE
VERT à la découverte de votre
prochaine destination de voyage.
Partagez avec nous cette ouverture
sur le monde qui donne au temps
des vacances son sens, sa substance
et en définitive son véritable esprit.
L'esprit de découverte.*

Jean-Michel DULIN
Rédacteur en Chef

Sommaire

Symboles traditionnels de Londres

Tradition du sport habillé et de bon ton

4

Villes et curiosités   99

Tradition héraldique, l'écu britannique

Tradition shakespearienne

Cartographie

LES PRODUITS COMPLÉMENTAIRES AU GUIDE

Carte Michelin n° 986
– à l'échelle 1/1 000 000, elle permet de se rendre aisément d'un point à l'autre du territoire.

Cartes Michelin n°s 401, 402, 403 et 404
– cartes au 1/400 000 donnant le détail du réseau routier britannique et faisant apparaître tous les sites et monuments isolés décrits dans le Guide Vert
– répertoire des localités
– agrandissements cartographiques des zones à forte urbanisation

Atlas Great Britain & Ireland
– même cartographie que les cartes n°s 401 à 404 agrandie au 1/300 000

ainsi que le plan de Londres n° 34 au 1/8 000

... et pour se rendre en Grande-Bretagne

Atlas routier Michelin Europe
– toute l'Europe au 1/1 000 000 présentée en un seul volume
– les grands axes routiers et 70 plans d'agglomérations ou cartes d'environs
– la réglementation routière appliquée dans chaque pays

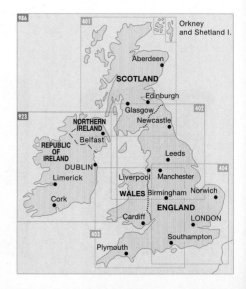

INDEX CARTOGRAPHIQUE

Votre guide

Ce guide a été conçu pour vous aider à tirer le plus grand profit de votre voyage en Grande-Bretagne. Il est présenté en trois grands chapitres : Introduction au voyage, Villes et curiosités et Renseignements pratiques, complétés par une sélection attentive de cartes et de plans.

● Les cartes générales, en pages 10 à 13, ont été conçues pour vous aider à préparer votre voyage. La carte des **Principales curiosités** repère les sites de plus grand intérêt, celle des **Itinéraires de visite** vous suggère des circuits et des étapes.

Avant de commencer votre voyage, permettez-nous de vous recommander la lecture de l'**Introduction**, qui vous donne des informations pour mieux comprendre l'histoire, l'art, la culture, les traditions et la gastronomie de la Grande-Bretagne.

● La partie **Villes et curiosités** répertorie les principaux centres d'intérêt touristique de la Grande-Bretagne. Pour les plus importants, un mémento pratique fournit des suggestions de détente.

● Les informations générales à caractère pratique, adresses, transports, fêtes..., sont regroupées dans la partie **Renseignements pratiques**. Le chapitre Conditions de visite précise les horaires de visite et tarifs d'entrée appliqués, au moment de la rédaction du guide, dans les monuments signalés par le symbole ⊙ dans les chapitres descriptifs.

Si vous avez des commentaires ou des suggestions à nous proposer, nous sommes à votre disposition sur notre site Web et avec notre courrier électronique :
www.michelin-travel.com
LeGuideVert@fr.michelin.com

Bon voyage !

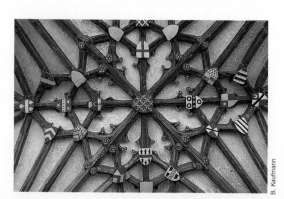

B. Kaufmann

Légende

★★★ Vaut le voyage

★★ Mérite un détour

★ Intéressant

Curiosités

⊘	Conditions de visite en fin de volume	►►	Si vous le pouvez : voyez encore…
⊙➡	Itinéraire décrit Départ de la visite	AZ B	Localisation d'une curiosité sur le plan
🏛 ✝ 🏛 ✝	Église – Temple	🎫	Information touristique
⬚ ☪	Synagogue – Mosquée	⚔ ⁂	Château – Ruines
⬚	Bâtiment	∪ ✿	Barrage – Usine
■	Statue, petit bâtiment	☆ ∩	Fort – Grotte
✝	Calvaire	⊤	Monument mégalithique
◎	Fontaine	▼ Ѱ	Table d'orientation – Vue
●■►	Rempart – Tour – Porte	▲	Curiosités diverses

Sports et loisirs

🐎	Hippodrome	🏃	Sentier balisé
⛸	Patinoire	◆	Base de loisirs
⩲ ⊡	Piscine : de plein air, couverte	🎿	Parc d'attractions
⬩	Port de plaisance	Ѱ	Parc animalier, zoo
⛺	Refuge	✾	Parc floral, arboretum
□■■□	Téléphérique, télécabine	◑	Parc ornithologique, réserve d'oiseaux
🚂	Chemin de fer touristique		

Autres symboles

═══	Autoroute ou assimilée	✉ ☎	Poste restante – Téléphone
❶ ❶	Échangeur : complet, partiel	⊠	Marché couvert
⊨═	Rue piétonne	⁘	Caserne
⌑	Rue impraticable, réglementée	△	Pont mobile
⊡ ⋯	Escalier – Sentier	∪ ✕	Carrière – Mine
🚆 🚌	Gare – Gare routière	B F	Bacs
□+++□	Funiculaire – Voie à crémaillère	⛴	Transport des voitures et des passagers
⎯●	Tramway – Métro	⛴	Transport des passagers
Bert (R.)…	Rue commerçante sur les plans de ville	③	Sortie de ville identique sur les plans et les cartes MICHELIN

Abréviations et signes particuliers

C	Administration du Comté (County Council Offices)	**T**	Théâtre (Theatre)
H	Hôtel de ville (Town Hall)	**U**	Université (University)
J	Palais de justice (Law courts)	🅟	Parking relais
M	Musée (Museum)	**M 3**	Autoroute (Motorway)
POL.	Police	**A 2**	Itinéraire principal (Primary route)

Principales curiosités

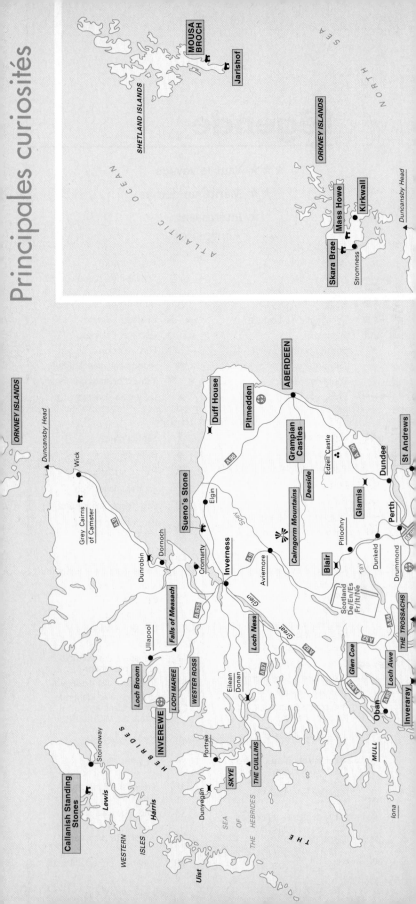

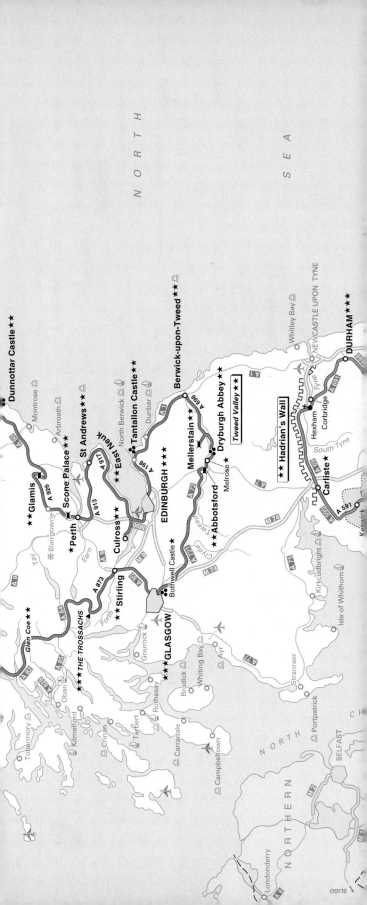

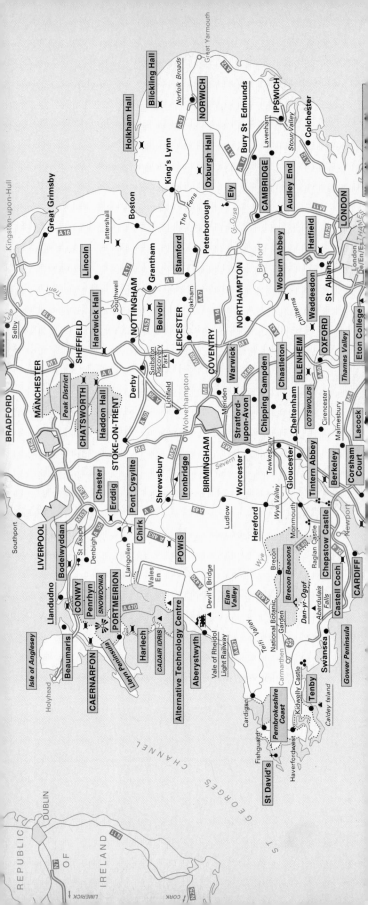

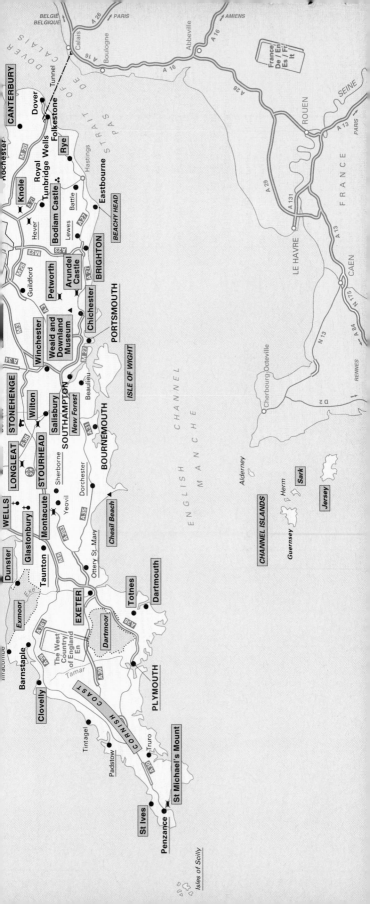

Itinéraires de visite

Ecosse: 1110 miles - 1770 km
(13 jours dont 1 à Édimbourg,
Glasgow et l'île de Skye)

Nord de l'Angleterre: 580 miles - 930 km
(7 jours dont 2 nuits à York)

Midlands et East Anglia: 630 miles - 1010 km
(10 jours dont 1 à Cambridge)

Pays de Galles et ses frontières:
590 miles - 950 km (7 jours)

Sud de l'Angleterre: 1010 miles - 1630 km
(14 jours dont 1 à Bath et Oxford
et 2 nuits à Taunton)

★★ **Thames Valley**   Titre sous lequel un parcours est décrit:
Consultez l'index.

≌ Station balnéaire   ⚓ Port de plaisance ou mouillage

❄ Station de sports   ✈ Aéroport
   d'hiver

0   30   60 miles
0   30   60   90 km